GO! GO! 과학 특공대 27

밀고 당기는 자석

정완상 지음

BooksHill
이치사이언스

이 책은 각 **스테이지**별로 재미있는 이야기와 함께 다채로운 코너들로 꾸며져 있습니다.

과학 동화
주인공과 함께 가상현실을 모험하면서 과학 원리와 개념을 쉽고 재미있게 익힐 수 있어요.

과학 영재 되기
이야기에 나왔던 과학 원리와 개념을 교과서와 연관하여 보다 자세하게 배울 수 있어요.

실력 쌓기 퀴즈퀴즈
기본 다지기 / 서프라이즈 진실 혹은 거짓 / 알쏭달쏭 내 생각 등의 다양한 퀴즈를 통해 학습 개념과 관련된 놀랍고 흥미로운 사실들을 알 수 있어요.

부록: 과학자가 쓰는 과학사
이 책의 내용과 관련 있는 과학자가 직접 들려주는 자신의 삶과 업적을 통해 과학자를 더욱 친근하게 만날 수 있어요.

추천의 글

여러분은 상상이 잘 안 되겠지만 선생님은 초등학교 시절 교과서 외에 읽을 수 있는 책이 없었습니다. 한 권 있는 지도책을 보고 또 보며 세계 여러 나라와 도시 이름을 외우며 상상의 나래를 펼치곤 했지요.

50여 년이 지난 지금도 그때 너덜너덜해진 지도책을 생각하면 저절로 지구상의 모든 나라들이 머릿속에 그려집니다. 읍내에 있는 중학교에 들어가면서 다행히 뉴턴과 아인슈타인, 에디슨 등과 같은 인물들을 책으로 만날 수 있었지요. 그때부터 선생님은 과학자가 되겠다는 꿈을 키웠고, 대학에서 과학을 전공하여 교수가 되었습니다.

책은 우리 미래를 밝히는 등대입니다. 선생님은 "GO! GO! 과학특공대"가 여러분을 더 넓은 세상과 더 나은 미래로 이끄는 푸른 신호등이 되리라 확신합니다. 여러분이 학교에서 배우고 있는 내용들을 즐겁고 재미있게 느끼도록 만들었으니까요.

위대한 과학자 뉴턴은 "나는 진리의 바닷가에서 반짝이는 조개껍질 하나를 줍고 기뻐하는 어린아이와 같다."라고 했습니다. 여러분도 "GO! GO! 과학특공대"를 읽고 뉴턴이 느꼈던 그 기쁨을 마음껏 누려보길 바랍니다.

전우수(전 한국 초등과학교육학회 회장 · 공주교육대학교 교수)

이 책을 읽는 어린이들에게

언제나 날 본체만체하는 우리집 야옹이를 알아가는 것, 친구와 하는 내기에서 빨리 셈하는 방법을 알아내는 것, 밤하늘의 반짝이는 별들의 이름을 찾아보는 것은 즐거운 일이지만, 생물을 공부하고, 수학을 공부하고, 과학을 공부하는 것은 어렵습니다.

아니, 솔직하게 말해서 공부는 어렵다기보다 하기 싫은 것이죠. 그럼 왜 공부가 하기 싫을까요? 그것은 어른들한테도 어느 정도 책임이 있답니다. 어른들은 1등, 2등밖에 모르기 때문입니다. 사실 엄마 아빠도 모두가 1, 2등을 한 것도 아니면서 말입니다.

학교 갔다 와서 친구들과 축구를 한다거나 컴퓨터 게임을 하면 재미있죠. 맞습니다. 이 글을 쓴 선생님도 학교 갔다 오면 친구들과 동네를 휩쓸고 다니며 노는 것이 공부보다 즐거웠답니다. 그렇게 놀기만 하다 보니 공부가 점점 더 싫어지더라고요.

그러다가 된통 어머니께 꾸중을 들은 날이 있었습니다. 그날 눈물콧물 줄줄 흘리며 혼자 방 안에 앉아 있는데 '그렇게 놀기만 해서는 커서 빈털터리 건달밖에 안 돼.'라는 어머니 말씀이 자꾸 생각나더라고요. 그래서 공부하는 데 취미를 붙여 보려고 책 읽는 연습부터 했죠. 하기 싫은 것을 억지로 한다고 해서 될 것이 아니라는 것을 알았기 때문에, 책 읽는 연습부터 한 거예요.

일을 안 하고는 생활할 수 없듯이, 여러분도 아주 조금씩이라도 공부에 관심을 가져야 합니다. 이건 경험을 통해 알게 된 거예요.

그래서 전 어렸을 때 저처럼 아주 공부하기를 지겨워하는 학생들을 위해 이 책을 썼습니다. 이 책을 재미있게 읽다 보면 몰입하는 즐거움을 느낄 수 있습니다.

몰입이 뭐냐고요? 몰입은 한 가지 일에 푹 빠지는 것을 말합니다. 그러다 보면 바깥이 궁금하거나 컴퓨터를 켜고 싶은 생각은 싹 사라지고, 궁둥이도 무거워지겠지요.

이 책에서 여러분은 꼭 배워야 할 내용들을 생활이며, 체험이며, 놀며 즐기는 놀이로 알아갈 수 있습니다. 어떻게 그렇게 하냐고요? 이 책을 통하면 못할 것이 없습니다. 어디든 갈 수 있고 무엇이든 할 수 있죠. 이 책의 주인공들이 경험하는 일들은 모두 우리가 배워야 할 것들이고, 신기하게도 이 친구들을 따라가다 보면 지겨울 틈도, 졸릴 틈도 없답니다.

사실이냐고요? 그럼 선생님 말이 맞나 안 맞나 확인해 보면 되죠. 책장을 펼치고 기대해 보세요. 선생님이 공부를 즐겁게 할 수 있는 마법을 걸어 줄게요. 준비가 되었다면 힘차게 책장을 넘겨 봅시다.

지은이 씀

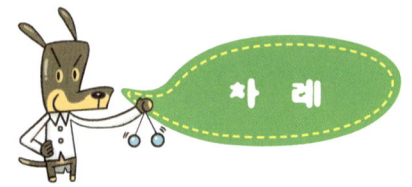

차 례

자석 | **주인공 소개** ★ 08

스테이지 1   **길베르트와 마지막 수련**   **자석의 성질**   ★ 10

과학 영재 되기_ 24
- 자석의 발견 / 자기력 / 자기력이 가장 센 곳 / 자기력선 / 다양한 모양의 자기력선 / 자기장
- 생활 과학 카페 : 세계에서 가장 강한 자석_ 29

실력 쌓기 퀴즈퀴즈_ 30
- 기본 다지기 / 서프라이즈 진실 혹은 거짓 / 알쏭달쏭 내 생각

아하! 알았다 정답_ 32

스테이지 2   **쇠붙이가 달라붙는 옷**   **액체자석**   ★ 34

과학 영재 되기_ 48
- 자석 만들기 / 액체자석(자성유체) 자기력이 전해지는 물질 / 지구자기 / 지구자기의 발견
- 생활 과학 카페 : 목성의 자기장_ 52

실력 쌓기 퀴즈퀴즈_ 53
- 기본 다지기 / 서프라이즈 진실 혹은 거짓 / 알쏭달쏭 내 생각

아하! 알았다 정답_ 56

스테이지 3 **사라진 자성** 자석을 약하게 하는 방법 ★ 58

과학 영재 되기_ 72
- 자석의 성질을 없애는 방법 / 자석의 보관 방법
- 생활 과학 카페 : 퀴리온도_ 74

실력 쌓기 퀴즈퀴즈_ 75
- 기본 다지기 / 서프라이즈 진실 혹은 거짓 / 알쏭달쏭 내 생각

아하! 알았다 정답_ 78

스테이지 4 **세계 자석 과학마술 대회의 결승** 자석의 이용 ★ 80

과학 영재 되기_ 96
- 자기부상열차 / 입자가속기 / 녹화와 녹음의 원리
- 생활 과학 카페 : 핵자기 공명장치_ 99

실력 쌓기 퀴즈퀴즈_ 100
- 기본 다지기 / 서프라이즈 진실 혹은 거짓 / 알쏭달쏭 내 생각

아하! 알았다 정답_ 104

부록 | 길버트가 쓰는 과학사 ★ 106

[주인공 소개]

안녕? 나는 피즈팬이라고 해.

피즈팬

물리천재 피즈팬은 12살 소년이다.

피즈팬은 다른 아이들처럼 학교에 다니지 않고,

아빠가 만들어 주신 SR로 무엇이든 공부할 수 있다.

SR은 Scientific Reality!

번역하면 '과학현실'이라는 프로그램이다.

우리가 가상현실 게임 속에서

로켓 조종사가 되기도 하고

골프선수가 되기도 하듯

피즈팬은 SR을 통해 다양한 세계를 여행하면서

물리에 대한 모든 것을 배울 수 있다.

피즈팬이 오늘 배우고 싶은 주제는 '자석'에 관한 것이다.
물리천재에게 그런 게 왜 필요하냐고?
아빠는 기본 개념이 충실해야 한다고 항상 강조하신다.
그래서 피즈팬은 자석에 대한 SR을 시행하기로 결심했다.
피즈팬이 SR의 초기화면에서 '**과학 〉물리 〉자석**'을 선택하자
다음과 같은 메시지가 나타났다.

자석에 대한 SR 프로그램입니다.
당신은 다음 상황을 체험하게 됩니다.
☐ 세계 자석 과학마술 대회

길베르트와 마지막 수련
자석의 성질

자석은 같은 극끼리는 서로 밀치는 힘이 작용하고
다른 극끼리는 서로 달라붙는 힘이 작용한다.

세계는 지금 과학마술이 대유행이다. 젊은이들은 과학마술을 연마하기 위해 고수를 찾아 떠나고 있다. 그 열기는 식을 줄 몰랐으며 더욱 뜨거워져만 갔다.

"피즈팬! 이쪽이야."

먼저 도착한 제자들은 초조하게 길베르트가 나올 때까지 서있었다. 그중 길베르트의 외동딸인 막카리나가 피즈팬을 향해 손을 흔들었다.

"내가 제일 늦었나보네."

헐레벌떡 막카리나 옆으로 간 피즈팬이 나지막이 혼잣말을 했다. 그러자 뒤에 서있던 미스터 마기온이 조롱 섞인 목소리로 말했다.

"게으른 너 따위가 스승님의 추천서를 받을 수 있을 거라 생각해? 그냥 쭉 잠이나 잘 것이지, 으흐흐."

"뭐라고? 너야 말로 실력도 없으면서 무슨 용기로 여기 서있는 거냐?"

피즈팬이 지지 않고 톡 쏘아붙이자 막카리나가 난감한 표정을 지으며 두 사람을 진정시켰다.

"으휴, 너희는 만나기만 하면 싸우니? 이제 좀 그만해. 오늘처럼 중요한 날에는 제발 참아줘."

"마기온이 먼저 시비 걸었단 말이야!"

"난 사실을 말했을 뿐이야."

막카리나의 제지에도 불구하고 피즈팬과 마기온은 또 다시 티격태격했다. 그때였다. 하얀 수련복을 깔끔하게 차려입은 길베르트가 모습을 드러냈다.

"다들 모였느냐? 지금부터 추천서를 받을 사람을 호명하겠느니라!"

세계 최고의 자석 마술사인 길베르트의 추천서는 예선을 치르지 않고 바로 결승으로 진출할 수 있는 고속 티켓이다. 올해 싸이언스매직 제국에서 열리는 대규모 '세계 자석 과학마술 대회'에 출전하려는 제자들은 추천서의 주인공이 자신이길 간절히 바랐다.

"나의 추천서를 받을 사람은 바로 피즈팬이다. 그동안 뛰어난 성적뿐만 아니라 매사에 진지하게 수련하는 마음가짐을 높이 평가하여 이와 같은 결정을 내렸느니라! 자, 모두 박수."

그곳에 모인 길베르트의 제자들은 처음에는 아쉬운 표정이 역력했으나 이내 진심어린 축하를 해주었다. 하지만 마기온은 결과를 인정할 수 없다며 조용히 그 자리를 떠났다.

"여러분, 고맙습니다. 축하해주신 많은 분들을 대표하여 세계 자석 과학마술 대회에서 꼭 좋은 성적을 거두겠습니다."

피즈팬은 기쁜 마음으로 사람들에게 감사 인사를 하고, 추천서를 받기 위해 길베르트를 따라 갔다.

"피즈팬, 정말 축하해. 네가 잘 돼서 기뻐!"

아까 전부터 옆에서 자신의 일처럼 기뻐하던 막카리나가 피즈팬에게 말했다.

"고마워, 막카리나! 너도 나처럼 자석 마술을 배웠으면 좋았을 텐데……. 도대체 왜 흥미가 없다는 거야?"

"넌 이해할 수 없겠지만, 어려서부터 아버지와 단 둘이 생활했던 나에게 자석 마술은 미움의 대상이었어. 아버지의 관심은 온통 자석 마술뿐이었으니까."

"그래도 막카리나, 언젠가는 아버지를 이해할 날이 올거야. 어쨌든 나 지금보다 더 노력해서 꼭 우승할거야."

하지만 길베르트의 방에 들어서는 순간, 두 사람은 할 말을 잃었다. 도둑이 들었는지 방안이 엉망이었다.

"어머! 도둑이야!"

막카리나가 깜짝 놀라 소리쳤다.

"놀랄 것 없다. 예상했던 일이니라. 피즈팬, 마기온이 추

천서를 갖고 갔으니 너에게 줄 수 있는 건 마지막 비법밖에는 없겠구나. 따라오너라."

먼저 도착해 있던 길베르트는 침착하게 피즈팬을 데리고 수련장으로 향했다.

"자! 지금부터 집중하거라. 자석에는 두 가지의 서로 다른 극이 있다. 우선 이 자석을 손에 끼어 보거라!"

길베르트는 비장한 표정으로 피즈팬을 마주했다. 피즈팬 역시 조용히 자석을 들었다.

"자! 그럼 시작하겠다. 두 손 모두 등 뒤로 숨기고 내 명령에 따라 자석을 내밀어 보거라!"

길베르트가 하나, 둘, 셋을 세고 피즈팬과 동시에 자석을 내밀었다.

"이~얏~."

길베르트의 기합과 함께 피즈팬이 뒤로 밀려나고 있었다. 안간힘을 쓰며 버텨 봤지만 아무 소용이 없었다. 얼굴이 벌겋게 달아오른 피즈팬을 보며 길베르트는 조용히 입을 열었다.

"이것은 너와 내가 같은 N극을 내밀어서 그런 것이다. 자석은 서로 같은 극을 만나면 밀어내는 성질이 있지! 그럼 다시…… 하나, 둘, 세엣! 야압!"

길베르트는 다시 우렁차게 기합을 넣었다. 그러자 이번에는 피즈팬이 길베르트 쪽으로 맥없이 끌려가는 것이었다.

"피즈팬 잘 들어라! 자석은 서로 다른 두 극이 만나면 밀어내는 것이 아니라 잡아당기는 성질이 있단다. 지금 내가 말하는 것을 꼭 명심하여야 한다."

"네! 스승님 이 가르침을 절대로 잊지 않겠습니다."

피즈팬은 정중하게 고개를 숙여 예의를 갖췄다. 잠시 조용한 침묵을 깨며 길베르트가 입을 열었다.

"피즈팬, 너는 나의 마지막 비법까지 전수 받았다. 추천서가 없어도 분명 '세계 자석 과학마술 대회'에 결승까지 갈 수 있을 것이다. 그러니 이 길로 싸이언스매직 제국으로 가거라. 마기온이 내 추천서로 부적절한 우승을 하게 놔둘 수는 없다."

"네, 스승님. 걱정마십쇼. 무슨 일이 있더라도 꼭 우승하고 돌아오겠습니다."

피즈팬은 주먹을 불끈 쥐며 대답했다.

"아빠! 저도 피즈팬과 함께 가겠어요. 이왕이면 한 명보다는 둘이 나으니까요. 도움이 될 수 있도록 노력할게요."

그리하여 피즈팬과 막카리나는 커다란 배낭 하나씩 메고 싸이언스매직 제국을 향해 걸어갔다.

"피즈팬, 잠깐 쉬었다 가면 안 될까? 배도 고프고, 발도 너무 아파서 더 이상은 무리야. 오늘은 여기서 지내도록 하자! 응?"

땀으로 흥건하게 젖은 막카리나가 말했다.

"그래. 나도 배가 고팠던 참이었어. 저기 시장이 있는 거 같은데 가보자!"

시장은 왁자지껄했다. 피즈팬과 막카리나는 여기저기서 풍겨오는 음식 냄새 때문에 피곤함과 배고픔을 더 크게 느꼈다.

"아무래도 안 되겠어. 일단 숙소랑 먹을 것이 필요하니까 자석 마술로 돈을 벌어보자."

피즈팬은 배낭을 바닥에 내려놓고, 주섬주섬 자석들을 꺼냈다. 그리고는 사람들을 향해 소리쳤다.

"안녕하세요. 여러분! 지금부터 신기하고 재미있는 마술쇼가 펼쳐집니다. 매일 볼 수 있는 쇼가 아닙니다. 쇼! 쇼! 쇼!"

옆에 서있던 막카리나도 피즈팬을 도와 사람들의 시선을 주목시켰다. 어느새 사람들이 한 명 두 명 모이더니 동그랗게 원을 만들어 피즈팬의 마술쇼를 관람하기 시작했다.

"자! 마지막으로 보여드릴 마술은 손대지 않고 유모차 끌기입니다."

피즈팬은 마술쇼를 구경하던 아주머니의 유모차를 자신의 앞쪽에 놓았다. 그리고는 서서히 뒤로 물러났다. 비장한 표정으로 심호흡을 한 후, 오른손을 쭉 뻗자 유모차가 피즈팬 쪽으로 움직이기 시작했다.

"어머, 너무 신기해. 어떻게 저럴 수가 있지?"

사람들은 박수를 치며 감탄했다. 그러자 피즈팬은 여유

롭게 웃어 보이더니 왼손을 쭉 뻗었다.

"유모차가 다시 움직인다. 이번에는 밀려가고 있어!"

사람들의 말처럼 유모차는 피즈팬 쪽으로 움직이지 않고, 그 반대 방향으로 밀려나가고 있었다.

"이것으로 마술쇼를 마치겠습니다."

사람들은 정중하게 인사하는 피즈팬에게 큰 박수를 보냈다. 그리고 막카리나가 사람들 앞으로 지나갈 때마다 관람료를 주었다.

"대단해, 피즈팬. 어떻게 이런 생각을 한 거야? 덕분에 배부르게 먹고, 따뜻한 방에서 하룻밤 묵을 수 있게 되었어. 그나저나 어떻게 손대지 않고 유모차를 움직인 거니?"

마술쇼를 마치고 숙소에 들어간 막카리나가 말했다.

"간단해. 스승님이 내게 전수해 준 마지막 비법을 이용했어. 유모차에 몰래 자석을 붙여놓고, N극과 S극을 써서 밀어내고 당겼지."

피즈팬의 설명을 들은 막카리나는 그제야 이해된다는 듯 고개를 끄덕였다.

당신은 스테이지 1을 통과했습니다.
다음 아이템을 받을 수 있습니다.

액체자석

과학 영재 되기
자석의 성질

교과서와의 연관
• 초등 3-1: 자석의 성질

자석의 발견

우리 주변에는 자석을 이용한 물건들이 있어요. 가장 흔하게 볼 수 있는 것이 바로 냉장고 문에 병따개입니다. 병따개 밑에는 자석이 있고, 냉장고는 쇠로 만들어졌으니까 병따개가 냉장고에 달라붙는 거예요.

코발트는 자석을 비롯하여 다양한 합금, 전기 도금 등을 만들 때 사용되는 자기 물질이다.

자석은 영어로 마그넷(magnet)이라고 부릅니다. 그 이유는 자석이 그리스의 마그네시아 지방에서 처음 발견되었기 때문이지요. 아주 오래전에 마그네시아 사람들은 쇠붙이를 끌어당기는 신비한 돌을 발견했고, 이 돌의 이름을 '끌어당기는 돌'이라고 불렀어요. 이것이 바로 **자석**이지요.

자철석은 천연자석으로, 지구에 있는 자기 물질 중에서 자기력이 가장 강한 물질이다.

그렇다면 자석은 무엇으로 만들까요? 자석을 만드는 암석은 '마그네타이트'라는 철광석이에요. 처음부터 자석이 되는 암석을 '천연자석'이라고 하고, 천연자석에 닿은 금속이 다시 자석이 된 것을 '인공자석'이라고 하지요. 인공자석은 니켈과 코발트를 포함한 철 합금들입니다.

자기력

자석에 쇠붙이가 달라붙는 현상을 '자기'라고 해요. 자석과 쇠붙이 사이에 '자기력'이라는 힘이 작용하기 때문에 달라붙는 거지요. 마찬가지로 자석과 자석이 달라붙는 현상도 '자기'라고 하고, 이때 두 자석 사이에 작용하는 힘도 '자기력'이라고 불러요.

자석에는 파랗게 칠한 부분과 빨갛게 칠한 부분이 있어요. 그것은 자석의 두 개의 서로 다른 극을 나타내지요. 이 두 개의 극을 자석의 '양극'이라고 하는데, 한 쪽을 'N극', 다른 한 쪽을 'S극'이라고 하지요. 자기력과 양극 사이의 관계는 다음과 같이 정리할 수 있어요.

- 같은 극끼리는 서로 밀어내는 힘이 작용한다.
- 다른 극끼리는 서로 당기는 힘이 작용한다.
- 거리가 멀어질수록 자기력은 약해진다.

자기력이 가장 센 곳

자석은 특별히 자기력이 센 부분이 있어요. 바로 자석의 양극의 끝 부분이지요. 그러므로 철가루 가까이에 자석을 대면 자석의 양극 끝 부분에 철가루가 가장 많이 붙는 답니다.

자기력선

자기력이 미치는 선을 '자기력선'이라고 해요. 자기력선은 철가루를 통해 쉽게 볼 수 있어요.

다양한 모양의 자기력선

신문지 위에 막대자석을 놓고, 그 위에 책받침을 놓아요. 그런 다음 흰 종이를 그 위에 다시 잘 펴놓아요. 그리고 종이 위에 철가루를 골고루 뿌리고 책받침을 톡톡 쳐주면 철가루들이 배열될 거예요. 이것이 바로 막대자석이 만드는 자기력선이지요.

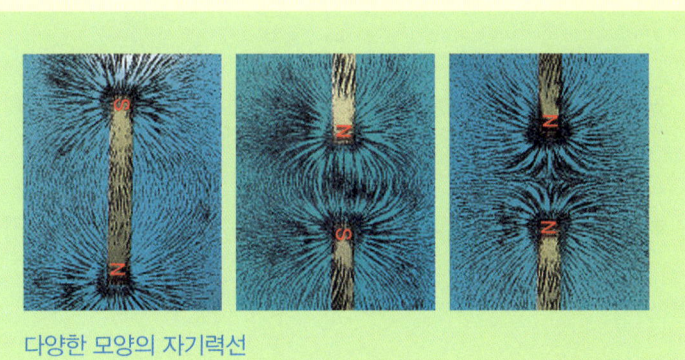

다양한 모양의 자기력선

자기장

자석이 있으면 주위에 자기장이 생긴답니다. 그렇다면 자기장은 과연 무엇일까요?

축구를 하는 곳을 축구장이라 부르고, 야구를 하는 곳을 야구장이라 부르지요? 마찬가지로 자석을 놓아두면 주변의 철가루들이 자석의 영향을 받는데, 이 공간을 '자기장'이라고 불러요. 강한 자석을 놓아두면 철가루들이 더 큰 영향을 받는답니다. 이처럼 어떤 곳에서 자석의 영향을 얼마나 많이 받는가를 그곳에서의 '자기장의 세기'라고 해요. 자기장에는 다음과 같은 성질이 있어요.

- 같은 위치에서는 자석이 강할수록 자기장의 세기가 크다.
- 하나의 자석에 대해서는 자석에 가까울수록 자기장의 세기가 크다.

생활 과학 카페

세상에서 가장 강한 자석

세상에서 가장 강한 자석은 무엇일까요? 우리가 흔히 사용하는 자석은 철로 만듭니다. 그런데 철로 만든 자석은 자석의 힘이 약한 편입니다. 철 대신 코발트*를 사용하면 더 강한 자석을 만들 수 있지요.

과학자들은 더 강한 자석을 만들기 위해 노력해왔습니다. 그리하여 알아낸 것이 '네오디뮴 자석'입니다.

네오디뮴은 1885년 과학자 벨스바흐가 처음 발견한 은백색을 띤 금속이지요. 네오디뮴 자석은 크기는 작지만 자기력이 강할 뿐 아니라 단단하여 잘 깨지지 않습니다.

하지만 네오디뮴 자석은 80도 이상에서는 자석의 힘이 급격히 약해지기 때문에 사용할 때 조심해야 합니다. 또한 공기 중에서 녹이 잘 슬기 때문에 표면을 니켈 등으로 코팅하여 사용해야 합니다.

* 철과 비슷한 광택이 나는 전이금속이다.

기본 다지기

1. 다음 중 자석에 붙지 않는 것은?

    a) 클립   b) 못   c) 이쑤시개

2. 다음 중 자석을 만드는 재료가 아닌 것은?

    a) 철   b) 코발트   c) 알루미늄

서프라이즈 진실 혹은 거짓

1. 철만 자석에 붙는다.

    ☐ 진실   ☐ 거짓

2. 동전은 자석에 달라붙는다.

　　　　　　☐ 진실　　　☐ 거짓

3. 물속에 있는 쇠못도 자석에 달라붙는다.

　　　　　　☐ 진실　　　☐ 거짓

알쏭달쏭 내 생각

철수는 막대자석을 가지고 놀다가 그만 바닥에 떨어뜨렸다. 그러자 자석의 파란 부분과 빨간 부분이 절반으로 두 동강 났다. 이것을 본 철수는 아이들에게 소리쳤다.

"애들아! 내가 자석의 N극과 S극을 분리했어."

과연 철수의 주장대로 빨간 부분에는 N극만 있고 파란 부분에는 S극만 있을까? 여러분의 생각은?

기본 다지기

1. c)
   나무로 된 이쑤시개는 자석에 달라붙지 않는다.

2. c)
   알루미늄은 금속이지만 자석에 달라붙지 않는다. 따라서 알루미늄으로는 자석을 만들 수 없다.

서프라이즈 진실 혹은 거짓

1. 거짓
   자석에 달라붙는 것은 철만이 아니다. 철의 표면이 녹슬지 않도록 겉에 니켈을 칠하는데, 이 니켈 역시 자석에 달라붙는다. 그 밖의 코발트도 자석에 아주 잘 붙는 물질이다.

2. 거짓
   모든 금속이 자석에 달라붙는 것은 아니다. 현재 사용되고 있는 동전은 은, 구리, 알루미늄 등으로 만드는데, 이 금속들은 모두 자석에 달라붙지 않으므로 동전은 자석에 달라붙지 않는다.

3. 진실
자석이 쇠못을 당기는 힘은 둘 사이에 나무나 종이, 물처럼 자석에 달라붙지 않는 물질이 있어도 작용한다.

알쏭달쏭 내 생각

답 N극과 S극 모두 있다.
자석은 항상 양극을 가진다. 다음 그림을 살펴보자.

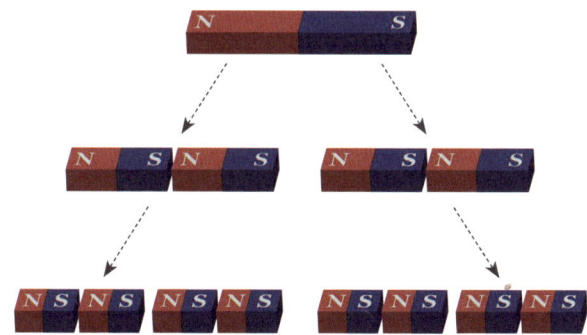

따라서 두 동강 난 자석도 다시 N극과 S극으로 나뉘게 된다.

쇠붙이가 달라붙는 옷
액체자석

자석은 고체 상태만 있는 것이 아니다.
액체로 된 자석도 존재한다.

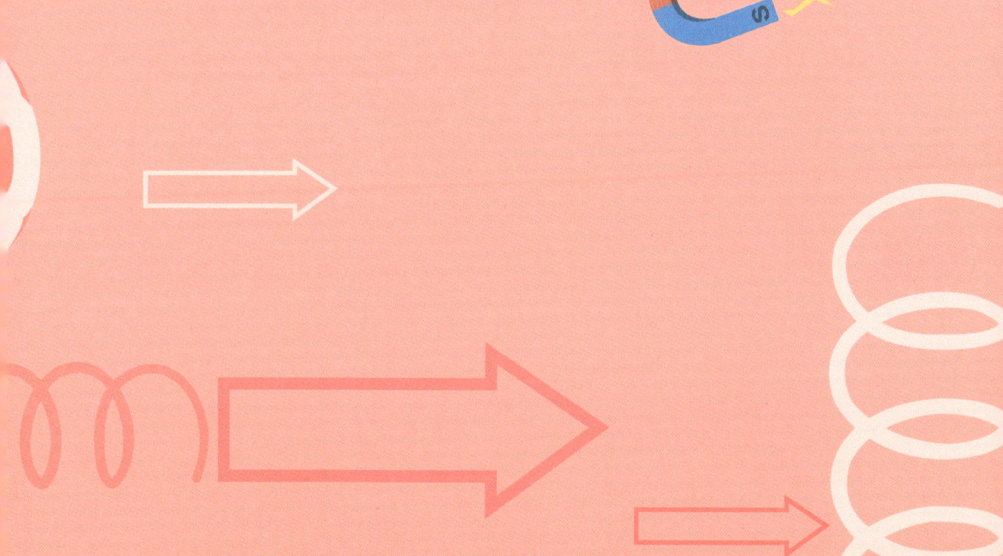

이튿날 아침, 피곤한 몸을 이끌고 피즈팬과 막카리나는 다시 길을 떠났다. 뜨거운 햇볕을 온몸으로 받으며 걸으니 두 사람은 갈증과 더위에 지쳐버렸다.

"피즈팬, 목말라 죽겠어. 우리 어디 가서 물 좀 마시자! 응? 일찍 출발한다고 아침도 안 먹었잖아. 이러다간 '세계 자석 과학마술 대회'에 출전하기 전에 쓰러지겠어."

막카리나가 피즈팬을 걱정하며 말했다.

"그래. 그렇지 않아도 나도 쉬고 싶었어. 일단 저기 보이는 마을로 가보자."

피즈팬이 가리킨 곳은 어딘가 으스스한 분위기가 감도는 마을이었다.

"여기 사람이 사는 곳 맞아? 어떻게 한 명도 안 보이지?"

시장에 도착한 두 사람은 한참을 두리번거렸지만 상점은 전부 문을 닫았고, 심지어 개미 기어가는 소리조차 들리지 않을 정도로 조용했다.

"피즈팬, 아무래도 다른 곳으로 가는 게 좋겠어."

그때였다. 막카리나의 말이 끝나자마자 저 멀리서 한 무

리가 걸어왔다.

"사람이다! 드디어 사람을 봤어. 일단 장사를 하는 식당부터 물어보자."

피즈팬이 반가운 마음에 큰 소리로 말했다. 하지만 점점

다가오는 사람들은 어딘가 모르게 불량스러워 보였다.

"아니, 이게 웬 굴러들어 온 애송이들이야! 으하하. 좋은 말로 할 때 갖고 있는 거 다 내놔!"

세 명 중 덩치가 가장 큰 남자가 솥뚜껑만한 방패로 피즈팬과 막카리나를 위협하며 다가왔다. 그들은 점점 두 사람을 벽 쪽으로 밀었다.

"살…… 살려주세요. 저희가 갖고 있는 거라고는 약간의 돈이 전부예요. 다 드릴게요. 제발 살려주세요."

막카리나가 두려움에 덜덜 떨며 말했다.

"저리 가! 당신들 뭐 하는 사람이야. 절대 한 푼도 줄 수 없어."

피즈팬도 두렵긴 마찬가지였으나 용기를 내어 소리쳤다. 하지만 덩치 큰 세 명의 힘을 감당하기는 무리였다.

"으하하하, 애송이 같은 것들! 이 마을은 강철군단이 장악했다는 사실을 명심해라. 가자, 애들아."

결국 자석마술쇼를 해서 번 돈을 모두 빼앗긴 두 사람은 강철군단이 시장을 떠날 때까지 아무 말도 할 수 없었다.

"으……, 분하다 분해. 우리의 여행 경비를 다 빼앗겼으니 이제 어떻게 한담!"

화가 난 피즈팬이 발을 쿵쿵 구르며 한숨을 쉬었다.

"저기요. 이쪽으로 오세요. 빨리!"

피즈팬 옆에 서 있던 막카리나에게 누군가 조용히 말을 걸어왔다.

"네? 대체 어디서 말하시는 거예요?"

소리가 난 곳은 맞은편에 있는 만두 가게였다. 두 사람이 그 앞에 도착하자 인자하게 생긴 아주머니가 조심스럽게 문을 열어 주었다.

"일단 안으로 들어오세요. 빨리!"

만두 가게에는 마을 사람들이 옹기종기 모여 있었다.

"딱 보니 여행객 같은데, 어쩌다 이 마을로 와서 봉변을 당했수, 쯧쯧."

아주머니가 막카리나와 피즈팬 앞에 김이 모락모락 나는 만두 한 접시를 내주며 말했다.

"부담 갖지 말고 드시게나!"

아주머니의 말이 끝나기가 무섭게 피즈팬과 막카리나는 허겁지겁 만두를 먹었다. 시원한 물까지 마시자 쌓였던 피로가 스르륵 사라지는 듯 했다.
 "잘 먹었습니다. 아주머니. 저…… 그런데 저희가 그 나쁜 강철군단에게 돈을 몽땅 빼앗겼어요. 어떡하죠?"

막카리나가 조심스럽게 말하자 아주머니는 손사래를 치며 괜찮다고 했다.

"그나저나 저 강철군단은 언제부터 이 마을에 나타난 거예요?"

피즈팬이 가게에 있던 마을 사람들에게 물어보자, 나이 지긋하신 할아버지가 대답했다.

"한 달 전쯤인가, 갑자기 강철군단이 나타나 마을 사람들의 돈을 빼앗고, 괴롭히기 시작했수다. 몇 번이나 막으려고 했지만 저들이 갖고 있는 철 무기가 워낙 강력해서 손 쓸 방법이 없었수."

"철 무기요? 그러고 보니 이름도 강철군단이랬지? 막카리나, 나에게 좋은 생각이 있어."

피즈팬이 갑자기 열을 올리며 막카리나에게 귓속말을 했다. 막카리나가 한참 고민하다가 고개를 끄덕이자 피즈팬은 곧바로 배낭에서 투명한 액체가 담긴 병을 꺼냈다.

"여러분, 저에게 강철군단을 혼내줄 좋은 방법이 있어요. 바로 이 액체만 있으면 됩니다."

사람들은 의아한 표정으로 피즈팬을 바라볼 뿐 어떤 말도 하지 않았다.

"아니, 총각! 대체 그 액체로 힘세고 포악한 강철군단을 어떻게 물리친단 말이오."

"그러니까요. 우리를 도와주려는 마음은 충분히 받았으니 두 사람이나 빨리 도망쳐요."

저마다 믿기 어렵다는 듯 적극적으로 관심을 갖는 사람은 없었다.

"어차피 안 도와주셔도 됩니다. 강철군단이 주로 몇 시쯤 마을을 돌아다니나요?"

피즈팬이 만두 가게 아주머니에게 물었다.

"그거야, 해가 질 무렵에 마을 곳곳을 돌아다니긴 한다만……."

"고맙습니다. 막카리나 준비됐지?"

막카리나는 마지못해 액체가 든 뚜껑을 열었다. 그리고 피즈팬의 옷에 꼼꼼하게 그 액체를 바르기 시작했다.

"정말 잘 할 수 있지? 무섭거나 힘들 것 같으면 도망치는 거야! 알았지?"

"걱정하지 마. 나만 믿으라니까!"

피즈팬은 막카리나를 포함한 사람들을 간신히 안심시키고, 강철군단이 돌아다닐 시간에 맞춰 만두 가게 앞에 서 있었다.

"아니, 저 애송이가 아직도 안 갔네? 으하하하. 이 강철군단의 맛을 톡톡히 보여 줘야겠군."

얼마나 지났을까, 피즈팬을 발견한 강철군단은 큰 소리로 웃으며 걸어왔다.

"이젠 무섭지 않아. 더 이상 마을 사람들을 괴롭히지 못하게 해주지!"

피즈팬의 당당한 모습에 강철군단은 살짝 당황했다.

"당돌한 꼬맹이로군! 이~얏!"

가장 덩치가 큰 남자가 처음 봤을 때처럼 솥뚜껑만한 방패를 힘껏 휘둘렀다.

"이~이얏!"

피즈팬도 크게 기합소리를 냈다.

"우와…… 뜨아……!"

그러자 숨죽여 지켜보던 마을 사람들과 막카리나가 일제히 환호성을 질렀다.

"방패가 피즈팬의 몸에 찰싹 달라붙었어."

막카리나가 소리치자 여기저기서 사람들의 박수 소리가 들렸다.

"아니, 이게 어떻게 된 거지?"

깜짝 놀란 강철군단이 들고 있던 다른 철 무기를 꺼내 피즈팬에게 던졌으나 방패처럼 옷에 찰싹 달라붙었다. 심지어 떨어지지도 않았다.

"지금이다. 이~이얏!"

피즈팬이 배에 붙은 큰 방패를 무기 삼아 강철군단에게 달려갔다.

"엄마~앗! 저…… 저 애송이가 지금 마술을 부리나 보다. 달아나자!"

강철군단은 눈이 휘둥그레져서는 도망가기 시작했다.

"야호! 성공이다. 피즈팬이 마을을 구했어."

　신이 난 막카리나와 마을 사람들이 피즈팬 주위에 모여들었다.
　"총각, 정말 고맙수. 우리 마을을 되찾아줘서 정말 고맙수."
　할아버지가 연신 인사를 하자 피즈팬은 쑥스러운 듯 머

리를 긁적였다.

"고맙긴요. 강철군단을 무찌른 건 제가 아니라 자석인걸요."

"피즈팬 말이 맞아요. 지금 피즈팬 옷은 액체 자석이 묻어 있어서 쇠붙이가 달라붙는 거예요. 제가 들고 있는 이 숟가락도 피즈팬에게 갖다 대면…… 이렇게 철썩 붙어버려요."

막카리나가 피즈팬을 대신해 또랑또랑한 목소리로 마을 사람들에게 설명했다.

"자석이 액체로도 있다는 게 신기하구먼."

만두 가게 아주머니가 들고 있던 국자를 피즈팬 몸에 갖다 대면서 말했다. 이런 아주머니의 행동을 지켜보던 사람들은 웃음을 터뜨렸다.

피즈팬과 막카리나는 남은 액체자석을 마을 사람들에게 선물로 주고, 다시 싸이언스매직 제국을 향해 발걸음을 옮겼다.

당신은 스테이지 2를 통과했습니다.
다음 아이템을 받을 수 있습니다.

100개의 자석

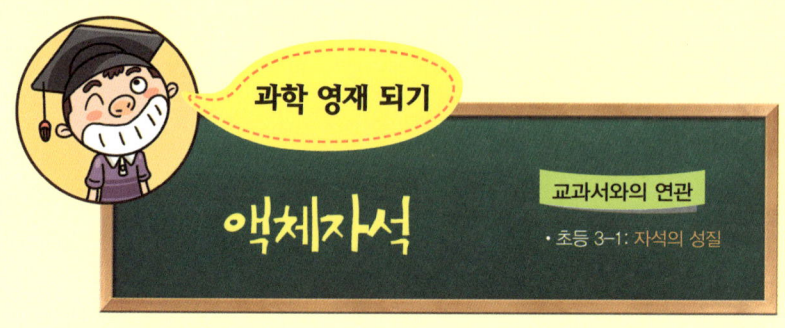

자석 만들기

자석의 재료는 철이에요. 하지만 모든 철제품이 자석이 되는 건 아니지요. 쇠못은 철로 만들어졌지만 자석이 아니니까요. 하지만 쇠못을 자석으로 만드는 방법이 있어요. 다음과 같이 하면 되지요.

1. 자석으로 쇠못을 문지른다. 이때 같은 방향으로 쇠못을 여러 번 문지른다.
2. 쇠못 주위에 강한 자석을 놓아둔다. 이때 쇠못과 자석 사이가 가까울수록 좋다.

이처럼 자석이 아니었던 물질이 자석이 되는 현상을 '자화'라고 합니다. 또 자화된 물질은 일시적으로 자기를 띠기 때문에 이것을 '일시자석'이라고 부릅니다.

자석에 쇠못이 일렬로 여러 개 매달리는 현상은 왜 그런 걸까요? 자석에 붙어 있는 쇠못이 자화가 되어 먼저 일시자석이 되면, 다른 쇠못을 붙게 할 수 있지요. 그러면 두 번째 쇠못도 일시자석을 통해 자화가 되어 또 다른 쇠못을 붙게 할 수 있답니다. 물론 첫 번째 자화된 쇠못보다는 자기력이 약해지겠지만 말이죠. 이런 식으로 쇠못들이 자화되어 어느 정도까지 일렬로 붙고 나면 더 이상은 쇠못이 매달릴 수 없게 됩니다. 맨 마지막에 붙은 쇠못의 자기력이 너무 약하기 때문이죠.

액체자석(자성유체)

자석 중에는 액체로 된 자석도 있어요. 액체자석은 검은색이며, 자성을 띠고 있는 분말을 나노미터 단위의 아주 작은 입자로 만들어 액체 속에 **콜로이드 형태**로 분산시킨 것이지요. 액체자석은 스피커, 컴퓨터, 자기테이프 등에 사용되지요.

자기력이 전해지는 물질

자기력이 공기가 아닌 다른 물질을 통해서도 전해질까요?

플라스틱 책받침 위에 못을 놓고, 그 밑에서 자석을 움직이면 못이 자석과 동일하게 움직일 거예요. 이렇게 자기력은 플라스틱을 통해서도 전해집니다. 또 다른 예를 들어 볼까요? 종이에 핀을 꽂아 물 위에 띄워 놓고 물속에 있는 자석을 움직이면 자석이 움직이는 방향으로 종이가 움직이지요. 이렇게 자기력은 물을 통해서도 전해집니다. 하지만 자기력이 전해지지 않는 물질이 있는데, 대표적으로 유리가 있답니다.

지구자기

나침반의 N극은 왜 항상 북쪽을 가리킬까요? 지구 속에 철과 니켈로 이루어져 있는 거대한 자석이 있기 때문이에요. 이 자석은 남극이 N극이고 북극이 S극이지요. 그러니까 나침반의 N극이 항상 북쪽 방향을 가리키는 이유는 지구 속 거대한 자석의 북극이 S극이기 때문이죠.

지구 속 자석의 S극은 정확하게 북극점일까요? 그렇지는 않아요. 지구 속에 들어 있는 자석은 지구의 북극과 남극에 일치하지 않고 약간 기울어져 있어요. 그래서 지구 속 자석의 S극은 북극점에서 약간 벗어난 지점이지요. 또한 지구 속 자석은 계속 회전하고 있어요. 그래서 지구가 태어난 이후로 300번 정도 자석의 S극 방향이 바뀌었답니다.

지구자기의 발견

지구가 하나의 거대한 자석이라는 것을 처음 알아낸 사람은 길버트라는 영국의 과학자에요. 그는 자석의 어느 한 극이 가리키는 방향이 항상 북쪽임을 알아냈고, N극이라고 불렀지요. 그리고 N극과 S극은 서로를 당기니까 지구의 북쪽에는 S극이 묻혀 있다는 것을 알아낸 거지요.

철새들이 북쪽이나 남쪽을 찾아가는 것도 자석과 관계있어요. 1979년에 과학자들은 비둘기의 머리뼈와 뇌의 경막 사이에서 가로 2마이크로미터(㎛), 세로 1마이크로미터인 작은 자석을 발견하는 데 성공했지요. 그것이 바로 새들의 나침반 역할을 하는 거예요. 만약 작은 자석이 들어있는 철새 머리에 강한 자석을 붙이면 어떻게 될까요? 아마 철새는 더 이상 남쪽과 북쪽을 찾지 못하고 길을 잃게 될 거예요.

생활 과학 카페

목성의 자기장

목성은 태양계에서 가장 큰 행성으로 지구보다 317배나 무거우며 다른 모든 행성들의 무게를 합친 것보다도 2배가 무겁습니다. 목성은 수소와 헬륨 기체로 이루어져 있습니다. 그러므로 목성의 표면에는 단단한 곳이 없

목성, 목성의 위성인 이오, 우주 탐사선 갈릴레이 호의 모습

지요. 목성은 깊어질수록 기체 상태에서 액체 상태로 변하지만 그 경계가 어디인지 알 수 없습니다.

목성은 지구와 다른 자기적인 특성을 가지고 있습니다. 지구에서는 나침반의 N극이 북극을 가리키는 반면, 목성에서는 나침반의 N극이 남극을 가리킵니다. 이것은 목성 속에 들어있는 자석의 방향이 지구와 반대이기 때문이죠. 즉 목성 속의 자석은 북극이 N극이고, 남극이 S극을 나타내지요.

기본 다지기

1. 다음 중 자화가 일어나지 않는 것은?

   a) 클립　　　　　　b) 못　　　　　　c) 동전

2. 달에 나침반을 가지고 가면 어떻게 될까?

   a) 나침반의 N극이 북쪽을 가리킨다.
   b) 나침반의 N극이 남쪽을 가리킨다.
   c) 나침반의 N극이 특정한 방향을 가리키지 않는다.

서프라이즈 진실 혹은 거짓

1. 자석을 가져다 대면 뒤로 밀리는 물질도 있다.

    ☐ 진실   ☐ 거짓

2. 자석 옆에 비디오테이프를 두면 녹화된 내용이 지워진다.

    ☐ 진실   ☐ 거짓

3. 가장 작은 자석은 박테리아의 몸속에 들어있다.

    ☐ 진실   ☐ 거짓

> **알쏭달쏭 내 생각**

어느 날, 철수는 친구들과 강으로 놀러갔다. 자석 놀이를 좋아하는 철수는 항상 자석을 가지고 다니는데, 강가에 있는 조그만 돌멩이에 무심코 자석을 가져다 대었더니 돌멩이가 자석에 달라붙었다.

과연 돌멩이가 자석에 달라붙는 것이 가능할까?
여러분의 생각은?

☐ 가능하다.   ☐ 불가능하다.

기본 다지기

1. c)
동전은 주로 알루미늄 합금으로 이루어져 있어 자화가 일어나지 않는다.

2. c)
달 속에는 자석이 없으므로 나침반의 N극이 특정한 방향을 가리키지 않는다.

서프라이즈 진실 혹은 거짓

1. 진실
이런 물질을 '반자성체'라고 하는데 금, 은, 구리 등과 같은 물질이다.

2. 진실
비디오테이프는 자기를 이용하여 영상을 저장하는 장치이다. 테이프에 영상이 저장되면 테이프가 자화되는데, 이것을 바로 '녹화'라고 한다. 하지만 비디오테이프 옆에 강한 자석을 놓아두면, 비디오테이프는 새롭게 자화되기 때문에 영상이 모두 지워진다.
예금통장에 붙어 있는 검은색 자기테이프도 같은 원리로 만들어진 것이다. 그러므로 통장을 강한 자석과 함께 두면 통장에 기록되어 있는 내용이 모두 지워져서 은행의 현금입출금기에서 사용할 수 없게 된다.

3. 진실
1975년 미국의 과학자들은 박테리아 속에 작은 자석이 들어 있다는 것을 알아냈다. 박테리아는 몸길이가 2~3마이크로미터(1마이크로미터는 1000분의 1밀리미터) 정도인데 몸속의 자석의 크기는 0.04마이크로미터 정도이다.

알쏭달쏭 내 생각

답 가능하다.
철수가 주운 돌멩이는 사철이다. 사철은 철이 많이 들어 있는 돌멩이이므로 자석에 달라붙는다.

사라진 자성
자석을 약하게 하는 방법

자석의 자성이 약해지면 쇠붙이가 잘 달라붙지 않는다.
자석의 자성을 약하게 하는 방법에 대해 알아보자.

"피즈팬! 정말 대단해. 강철군단과 맞서 싸우고!"

싸이언스매직 제국에 도착할 때까지 막카리나는 입에 침이 마르도록 피즈팬의 용감한 행동에 대해 칭찬했다.

"자꾸 칭찬하지 마, 막카리나. 내가 아니었어도 누군가는 해야 할 일이었어. 그나저나 저기 높은 빌딩 보이지? 드디어 싸이언스매직 제국에 도착한 것 같아."

싸이언스매직 제국은 입구부터 화려했다. 고층빌딩들이 즐비했고, 형형색색의 간판들뿐만 아니라 사람들의 옷차림까지 휘황찬란했다. 두 사람은 한참동안 넋을 놓고 도시를 구경하느라 바빴다. 그러던 중 갑자기 흥겨운 음악소리가 나더니 도시에 있는 모든 사람들의 이목을 집중시킬 정도로 큰 목소리가 전광판에서 흘러나왔다.

"안녕하십니까? 저는 과학마술의 선두주자! 아니, 선두를 책임질 최고의 마술사들을 모집하고 있는 싸이언스매직 제국의 왕 매지킹스입니다. 우선 싸이언스매직 제국에 오신 모든 과학 마술사분들 환영합니다. 이 시대 최고의 자석 마술사를 선발하는 대회는 내일 열립니다. 마술사분

들은 망설이지 말고 이번 대회에 출전하십시오!"

매지킹스 왕의 광고방송이 끝나자 사람들은 웅성거리기 시작했다.

"막카리나, 시간이 없어. 내일 대회에 참가하려면 우선 접수부터 해야겠어."

"피즈팬, 그렇지 않아도 접수처의 위치를 알아놨어. 사람들이 말하는 걸 들었거든, 히히."

두 사람은 한달음에 접수처로 갔지만, 이미 세계 곳곳에서 모여든 자석 마술사들로 발 디딜 틈도 없었다.

"이러다간 내일까지 접수만 하게 생겼어."

막카리나가 한숨을 쉬며 말하자 피즈팬이 어깨를 토닥였다.

"그나저나 저기 서 있는 사람 마기온이랑 닮지 않았니?"

피즈팬이 그리 멀지 않은 곳에 서 있는 한 남자를 가리키며 말했다.

"맞아! 긴 얼굴형이며, 메기 같은 콧수염과 양옆으로 쫙 찢어진 눈까지 마기온이랑 똑같아."

막카리나가 맞장구를 치며 대답했다.

"미스터 마기온! 드디어 찾았다."

피즈팬이 큰 소리로 외치자 접수를 하고 있던 마기온이 흠칫 놀라며 쳐다보았다. 하지만 이내 야릇한 미소를 짓고는 사라졌다.

"어차피 결승 때 만날 수 있을 거야. 그때 마기온의 악행을 사람들에게 폭로하겠어!"

두 주먹을 불끈 쥐며 피즈팬이 중얼거렸다. 어렵게 접수를 마치고 대회 출전자들을 위한 숙소로 돌아온 두 사람은 꿀맛 같은 휴식시간을 맞이하였다.

"그나저나 피즈팬, 결승에 진출할 자신 있어? 당장 오후에 예선을 통과해야 하잖아."

막카리나가 걱정스런 눈빛으로 피즈팬을 쳐다보았다.

"걱정하지 마. 나 세계가 인정한 자석 마술사인 길베르트 스승님의 후계자라고! 결승에 올라가면 100개의 자석으로 신기한 마술을 보여줄 거야. 기대해도 좋아."

자신감 넘치는 피즈팬의 목소리를 듣자 막카리나도 한시름 덜었다.

"으흐흐흐, 바보 같은 녀석! 네 마음대로 되진 않을 거다. 으흐흐흐."

그 시각, 두 사람의 대화를 엿듣는 이들이 있었으니! 바로 마기온과 조수 빠보롱이었다. 접수처부터 몰래 따라온 그들은 어떻게 해서든 피즈팬과 막카리나를 방해하려고 했다.

어느새 해가 질 무렵이 되자 사람들은 대회장으로 한두 명씩 모여들었다. 예선전도 결승전 못지않은 열기로 가득했다.

"피즈팬, 떨지 말고 잘해. 내가 열심히 응원할게. 파이팅!"

막카리나의 든든한 응원 덕분인지 피즈팬은 침착하게 자신의 자석 마술을 선보였다. 그리고 틈틈이 예선이 진행되고 있는 대회장을 둘러보았으나 마기온의 모습은 보이지 않았다.

한편 피즈팬과 막카리나

가 예선전 때문에 정신없을 때, 마기온과 빠보롱은 두 사람의 숙소에 몰래 들어갔다.

"미스터 마기온님, 예선전은 안 하셔도 됩니까?"

"이 멍청한 놈! 거참 콧물 좀 닦고 질문하라니까!"

어딘가 어리숙해 보이는 빠보롱이 재빠르게 소매로 콧물을 닦으며 다시 묻자 마기온이 거드름을 피우며 말했다.

"에헴, 위대한 마기온이 시시껄렁한 예선전에 참가할 위인으로 보이느냐. 세계적으로 유명한 자석마술사인 길베르트 스승께서 나에게 추천서를 주었느니라. 이 추천서만 있으면 바로 결승에 올라갈 수 있지. 음하하하."

마기온은 어깨를 쫙 피며 크게 웃었다. 싸이언스매직 제국에서 만난 순진한 빠보롱은 고개를 연신 끄덕이며 마기온의 말을 곧이곧대로 믿었다.

"대단하십니다. 시키시는 대로 다 하겠습니다. 저에게 마기온님의 훌륭한 자석 마술을 가르쳐주십쇼."

"그래, 우선 저기 보이는 배낭에서 자석 100개를 가져오너라. 어서!"

빠보롱은 마기온의 지시에 따라 피즈팬의 배낭을 뒤져 자석을 꺼냈다. 그리고 이들은 유유히 숙소를 빠져나와 쓰레기 소각장으로 향했다.

"피즈팬이 결승에 진출하게 되면 100개의 자석을 사용한다고 했겠다? 으흐흐흐~ 그냥 내버려 둘 순 없지! 빠보롱, 저 뜨거운 불 속에 자석을 몽땅 던져버려라."

마기온의 명령에 빠보롱은 활활 타오르는 불 속으로 자석을 모두 던졌다.

"위대하신 마기온님, 한 가지 궁금한 게 있습니다. 저 많은 자석을 왜 불 속에 던지시는 겁니까?"

"이 멍청한 놈! 그걸 질문이라고 하느냐. 그야 당연히 자석의 성질을 없애기 위해서지. 자석의 성질을 없애는 가장 간단한 방법이 바로 자석을 뜨겁게 가열하는 것이다. 알겠느냐?"

"그런데 왜 멀쩡한 자석의 성질을 없애시는 겁니까? 마기온님 자석도 아닌데······."

눈치 없는 빠보롱이 정곡을 찌르자 마기온은 얼굴을 붉히며 당황했다.

"어험, 그······ 그거야 멍청한 네 놈은 알 필요가 없다!"

말까지 더듬은 마기온은 한동안 뜨겁게 가열되고 있는 자석들을 바라보았다.

'음하하하~ 피즈팬! 스승님이 어째서 너처럼 멍청한 아이에게 추천서를 써줬는지 이해가 안 가는군. 아마 대회가 끝나면 추천서의 진정한 주인이 나였다는 것을 알게 되겠지. 넌 내일이면 많은 사람들 앞에서 망신을 당할 테니까……. 음하하하.'

마기온이 음흉한 미소를 지으며 생각에 잠겨 있는 동안 시간이 훌쩍 지났다.

"마기온님, 벌써 예선전이 끝나가나 본대요?"

"이 멍청한 놈! 그럼 어서 자석들을 꺼내야지."

마기온이 다급하게 소리쳤다.

다시 피즈팬의 숙소를 찾은 이들은 열기를 식힌 100개의 자석을 배낭에 넣고 달아났다.

한편, 이러한 사실을 모르는 피즈팬과 막카리나는 예선전을 무사히 통과하고 숙소로 돌아왔다. 아직도 그 기쁨이 가시지 않는지 막카리나는 흥분한 목소리로 떠들었다.

"피즈팬, 네가 직접 네 모습을 봤으면 좋았을 텐데……. 다른 마술사들이 무대 위에서 벌벌 떨고 있을 때, 너의 그 침착하고 여유로운 표정은 최고였다고!"

"오! 믹키리나, 그 말은 예선전이 끝나고 숙소로 올 때까지 수십 번 들었어. 이제 그만 말해도 될 것 같아."

피즈팬이 못 말리겠다는 듯 막카리나를 진정시켰다.

"내가 지금 침착하게 생겼냐고! 난 그동안 아빠가 왜 자석 마술에 온 힘을 기울였는지 지금에서야 이해가 됐어. 대회가 끝나고 집으로 돌아가면 처음부터 수련을 해볼 생각이야."

굳은 다짐을 했는지, 진지한 목소리로 이야기하는 막카리나 옆에서 피즈팬은 내일 사용할 100개의 자석이 배낭에 있는지 확인했다.

"그래, 막카리나! 네가 드디어 철이 들었나봐. 그나저나 내일이 결승이야. 마기온과의 대결이라고! 꼭 우승해서 사람들에게 말하겠어. 스승님의 뜻을 어긴 마기온의 비겁한 행동을 말이야."

피즈팬 역시 어느 때보다 진지하게 말했다.

두 사람은 내일을 위해 잠을 청했으나 막상 결승이라는 생각에 설렘과 걱정이 앞섰다. 결국 두 사람은 밤늦게까지 그동안의 여정에 대한 이야기를 나누었다.

당신은 스테이지 3을 통과했습니다.
다음 아이템을 받을 수 있습니다.

MR유체

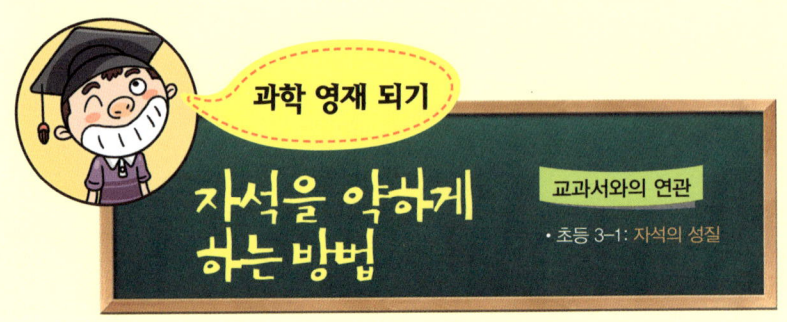

자석의 성질을 없애는 방법

이번에는 자석의 성질을 없애는 방법에 대해 알아보도록 할까요? 우선 가장 간단한 방법은 자석을 뜨겁게 가열하면 됩니다. 자석의 성질을 잃어버리는 온도를 '퀴리온도'라고 하는데, 물질에 따라 다르지요. 예를 들어 자철석으로 만든 자석이라면 섭씨 575℃가 퀴리온도이고, 니켈로 만든 자석이라면 퀴리온도는 350℃입니다. 또한 코발트로 된 자석의 퀴리온도는 1120℃이지요. 그러므로 녹은 쇳물로는 자석을 만들 수 없어요. 왜냐하면 쇠가 녹는 온도는 퀴리온도보다 높은 1539℃이니까요.

 자석의 성질을 없애는 또 다른 방법으로는 자석을 망치로 때리거나 단단한 곳에 자꾸 던지는 방법입니다. 자석은 충격을 받으면 자석의 성질을 잃어버리기 때문이죠.

자석의 보관 방법

자석은 시간이 지날수록 쇠붙이가 잘 달라붙지 않아요. 그 이유는 무엇일까요? 자성은 영구적인 것이 아닙니다. 따라서 자석을 아무렇게나 방치해 두면 자성을 금방 잃어버리지요. 물론 퀴리온도까지 가열하거나 큰 충격을 주어 일부러 자성을 없애는 경우도 있지만, 아무렇게나 보관하는 경우 자성을 잃어버릴 수가 있어요. 따라서 중요한 자석이라면 보관할 때 주의를 기울여야 합니다.

자석이 성질을 잃어버리지 않도록 보관하는 방법은 다음과 같아요.

- 자석을 찬 곳에 놓아둔다.
- 자석끼리 붙여 둔다.
- 말굽자석의 양극에 철 조각을 붙여 둔다.

생활 과학 카페

퀴리온도

퀴리부인은 남편 피에르 퀴리와 함께 라듐의 발견으로 노벨물리학상을 수상했습니다. 퀴리부인은 방사능 연구만 했지만 피에르 퀴리의 주 연구 분야는 자석에 대한 것이었죠.

피에르 퀴리는 온도와 자성에 대한 연구를 하면서 모든 자석은 어떤 온도 이상이 되면 자성이 사라진다는 것을 발견했어요. 이 온도를 **퀴리온도**라고 부릅니다.

그렇다면 퀴리온도 이상으로 가열된 자석의 온도를 퀴리온도 이하로 내리면 다시 원래의 자성이 돌아올까요? 자석이 일단 퀴리온도 이상으로 올라가 자성을 잃은 후 다시 온도를 내리면 원래의 자성보다 약한 자성을 가진 자석이 됩니다. 그러므로 자성을 유지하려면 퀴리온도를 넘기지 않게 주의해야 합니다.

기본 다지기

1. 다음 중 자석의 성질을 없애는 방법이 아닌 것은?

   a) 자석을 가열한다.
   b) 자석을 망치로 때린다.
   c) 자석과 자석을 붙여 놓는다.

2. 다음 중 자석을 보관하는 좋은 방법이 아닌 것은?

   a) 자석과 자석을 붙여 놓는다.
   b) 자석을 냉장고에 넣어 둔다.
   c) 자석을 유리그릇에 보관해 둔다.

서프라이즈 진실 혹은 거짓

1. 자석 가까이에 시계를 놓으면 시계가 고장 난다.

    ☐ 진실   ☐ 거짓

2. 실에 매달려 있는 클립에 자석을 가져다 대면 클립이 자석에 끌려간다. 이때 자석과 클립 사이에 철판을 놓으면 클립은 자석에서 멀어진다.

    ☐ 진실   ☐ 거짓

3. MRI 장치 안에서 알루미늄 젓가락 세웠다가 넘어뜨리면 슬로우 모션처럼 천천히 넘어진다.

    ☐ 진실   ☐ 거짓

알쏭달쏭 내 생각

영철이는 자석을 아주 좋아한다. 그런데 요즘 영철이는 자신이 모아둔 자석에 쇠붙이가 잘 달라붙지 않아 고민이다.
'가열도 하지 않고, 큰 충격도 주지 않았는데 왜 자성이 약해졌을까?'

과연 영철이는 어떻게 자석을 보관해야 자성이 약해지지 않을까? 여러분의 생각은?

☐ 냉장고에 붙여 둔다.
☐ 자석을 하나씩 따로 종이상자에 넣어 둔다.

자석을 약하게 하는 방법

기본 다지기

1. c)
   자석과 자석을 붙여 놓으면 자성이 오래 유지된다.

2. c)

서프라이즈 진실 혹은 거짓

1. 진실
   시계에는 철을 사용한 것들이 많이 들어있다. 예를 들면 톱니바퀴를 움직이는 스프링 등이 그것이다. 그러므로 주위에 자석을 두면 스프링이 자화되어 톱니바퀴가 제대로 움직일 수 없게 되므로 시계가 고장 나는 것이다.

2. 진실
   클립은 쇠붙이라서 자석을 가져다 대면 끌려간다. 이때 자석과 클립 사이에 철판을 놓으면 자석의 자기력이 철판 때문에 가려져 클립에 자석의 자기력이 도달되지 않는다. 그래서 원래의 위치로 클립이 되돌아간다.

3. 진실

MRI는 아주 강한 자석으로 이루어진 장치다. 강한 자석 안에서 전기가 잘 통하는 물질이 있으면, 그 물체 역시 자석의 성질을 띠게 되어 두 자석 사이의 밀치는 힘이 중력과 반대 방향으로 작용해 천천히 넘어지게 된다.

알쏭달쏭 내 생각

답 냉장고에 붙여 둔다.

냉장고는 쇠붙이라서 자석을 붙여 두면 자석의 성질을 오랫동안 보존할 수 있다.

세계 자석 과학마술 대회의 결승
자석의 이용

자석을 이용하는 곳은 어디일까?
우리 주변에서 자석을 이용하는 것들을 찾아보자.

드디어 결승전이다. 밤새 잠을 설친 피즈팬과 막카리나는 얼굴이 퉁퉁 부은 채 대회장에 갈 준비를 했다. 피즈팬은 결승에서 보여 줄 100개의 자석들이 잘 있는지 숙소를 나서기 전까지 확인했다.

"신사숙녀 여러분, 지금부터 '세계 자석 과학마술 대회'를 시작하겠습니다."

대규모 대회인 만큼 세계 각지에서 모여든 사람들로 가득 찬 대회장은 그야말로 굉장했다.

"안녕하십니까? 여러분, 싸이언스매직 제국의 왕 매지깅스입니다. 드디어 결승의 날이 왔군요. 치열한 경쟁 끝에 여기까지 올라온 자석 마술사들을 소개합니다. 먼저 길베르트가 인정한 마술사인 미스터 마기온! 그리고 예선전부터 뛰어난 실력을 선보인 마술사 피즈팬!"

매지깅스 왕은 힘차게 미스터 마기온과 피즈팬을 소개했다. 사람들은 두 사람에게 아낌없는 박수와 환호성을 보냈다.

"피즈팬! 용케도 결승전까지 올라왔군. 하지만 곧 있으면

얼굴을 붉히며 도망가게 될 거야."

마기온이 피즈팬에게 속삭이며 말하자 피즈팬 역시 기다렸다는 듯 말했다.

"마기온, 뻔뻔한 건 여전하군. 나는 기필코 너를 이길 거야. 그래서 네가 스승님의 추천서를 훔쳤다는 사실을 사람들에게 알리겠어!"

두 사람의 팽팽한 신경전이 시작되자 무대 뒤에서 대기하고 있던 막카리나와 빠보롱도 서로를 견제했다.

"우하하하, 바보 같은 피즈팬! 아마 100개의 자석으로 아무것도 못 할 것이다."

빠보롱이 뭐가 그리 즐거운지 배꼽을 잡고 웃자 막카리나가 날카롭게 쏘아보았다.

"야, 빠보롱인지 바보롱인지. 우리가 100개의 자석으로 마술을 한다는 걸 어떻게 알았어?"

"그야 물론 미스터 마기온님이…… 앗! 말하지 말라고 했지."

뭔가 불안한 예감이 든 막카리나가 빠보롱에게 되물었으나 빠보롱은 더 이상 아무 말도 하지 않았다.

추첨을 통해 결정된 순서는 미스터 마기온이 먼저였다. 마기온은 긴 얼굴만큼이나 기다란 중절모를 쓰고, 청록색 턱시도를 말끔하게 입고 있었다. 손에는 양쪽으로 구멍이

뼹뼹 뚫린 커다란 자석 원통이 들려 있었다.

"여러분! 안녕하세요. 자석마술의 고수 미스터~ 마기온입니다. 이 안에는 숟가락이 있습니다. 그냥 아무렇게나 놓여있는 것이 아니라 사람처럼 똑바로 서있죠."

신기하게도 마기온 말대로 숟가락이 통 안에 똑바로 서있자 사람들의 감탄사가 여기저기서 터져 나왔다.

"이제부터 제가 꼿꼿이 서 있는 숟가락을 눕혀보겠습니다. 두구두구 마법의 숟가락아! 최고의 자석 마술사인 미스터 마기온이 명하노니 천천히, 아주 천천히 이 원통 안에서 잠들 거라! 얍!"

미스터 마기온은 자신이 무슨 마법사인양 주문을 걸었다. 사람들은 숨을 죽이고 숟가락만 바라보았다.

한편, 무대 뒤로 온 피즈팬은 자신이 사용할 100개의 자석을 배낭에서 꺼냈다.

"피즈팬, 긴장하지 말고 평소대로만 하면 돼! 분명히 성공할 수 있을 거야."

막카리나가 피즈팬보다 더 긴장한 목소리로 말했다.

 "고마워, 막카리나. 내가 꼭 성공해서 미스터 마기온의 코를 납작하게 만들…… 어랏? 자석이 이상해! 서로 전혀 붙질 않아."

 "이리 줘봐. 여기 실 핀이 있으니까 붙여볼게."

막카리나는 머리에 하고 있던 실 핀 두 개를 빼서 자석에 붙여보았다. 그러자 옆에서 두 사람의 모습을 지켜보고 있던 빠보롱이 손뼉을 치며 크게 웃었다.

"푸하하하, 웃겨서 더 이상 못 봐주겠네. 그게 붙을 리가 있냐고! 자석 마술 초보자도 그 정도는 알겠다. 자성을 잃었는데 어떻게 붙겠어. 푸하하하."

"뭐라고? 그게 무슨 소리야? 100개의 자석들이 모두 자석의 성질을 잃었다고?"

피즈팬은 믿기지 않는다는 듯 100개의 자석들을 붙여봤지만, 빠보롱 말대로 다른 극끼리 서로 붙지도 않고, 같은 극끼리 서로 밀어내지도 않았다.

"이 일을 어찌하지?"

점점 초조해지기 시작한 피즈팬은 거의 울상이 되어갔다. 때마침 마기온의 무대가 끝나는 소리가 들렸다. 사람들의 박수 소리가 끊이질 않았다.

"아! 좋은 생각이 있다. 막카리나, MR 유체를 어디다 뒀지?"

피즈팬이 재촉하자 막카리나는 빠르게 자신의 배낭에서 MR 유체를 꺼내주었다.

곧바로 매지깅스는 피즈팬을 소개했다. 대회장은 한껏 흥분된 분위기로 가득 찼다.

"이, 이번에는 그러니까 흠……."

계획이 흐트러지자 당황한 피즈팬은 말까지 더듬으며 무대 위에 우두커니 서 있었다. 그러자 사람들은 슬슬 실망한 눈빛으로 피즈팬을 쳐다보았다.

"피즈팬! 넌 할 수 있어. 침착해!"

막카리나가 무대 뒤에서 피즈팬을 응원하자 정신이 번쩍 든 피즈팬은 매지깅스 왕에게 다가가 조용히 귓속말을 했다.

"제가 원래 준비한 마술을 누군가가 망쳤어요. 매지깅스 왕께서 저에게 흰 종이와 자석 한 개를 빌려주신다면, 멋진 무대를 보여드릴게요."

대회를 망칠 수 없었던 매지깅스는 못 이기는 척 종이와 자석을 가져다주었다.

"여러분! 많이 기다리셨습니다. 지금부터 제가 보여드릴 자석 마술을 위해 관객 여러분 중 한 분을 무대 위로 모실게요."

피즈팬은 싸이언스매직 제국의 공주를 무대 위로 이끌었다. 그리고는 방금 전 막카리나가 건네준 MR 유체 뚜껑을 열었다.

"감사합니다. 공주님! 그럼 이 병 속의 검은 잉크를 펜에 묻혀 아무 글이나 써주시겠습니까?"

"어떻게? 이렇게요? 싸이언스매직 제국의 즐거운 축제를 위하여……."

공주의 글귀는 피즈팬 뿐만 아니라 지켜보고 있던 사람들을 기분 좋게 해주었다.

"자! 여러분, 제가 보여드릴 마술은 바로 지금부터입니다. 자석으로 글씨를 지워보겠어요."

사람들이 기대에 가득 찬 눈빛으로 피즈팬에게 박수를 보내고 있을 무렵, 무대 뒤에서 막카리나는 빠보롱을 구슬리기 시작했다.

"빠보롱, 네가 미스터 마기온의 수제자란 말이지?"

"그럼! 길베르트의 수제자이신 미스터 마기온님이 나를 제자로 인정해주셨다고."

"내가 최고의 자석 마술사인 길베르트님 밑에서 정식으로 배울 수 있게 해줄게. 단, 100개의 자석이 왜 자성을 잃었는지 알려준다면 말이야. 내가 길베르트 마술사의 하나뿐인 외동딸이거든."

막카리나의 말을 듣자 빠보롱은 길베르트 마술사 밑에서 배울 수만 있다면 무엇이든 다 말하겠다고 했다.

"그러니까 미스터 마기온님이 나한테 피즈팬 배낭에서 100개의 자석을 꺼내라고

했어. 그 다음에 쓰레기 소각장에서……."

"빠보롱! 네 말은 결국 미스터 마기온이 자석 100개의 자성을 없애기 위해서 불에 가열했다는 거네?"

막카리나가 눈을 가늘게 뜨며 말했다.

"응, 분명 마기온님이 자석을 불에 가열하거나 망치로 때려서 충격을 가하면 자성을 잃을 수 있다고 말했어."

순진한 빠보롱은 빠짐없이 막카리나에게 말했다.

한편, 글귀가 적힌 종이에 신중히 자석을 가져다 댄 피즈팬은 큰 소리로 기합을 넣었다.

이얍~!

그러자 정말 글자들이 눈앞에서 한 글자씩 사라졌다. 지켜보던 사람들 뿐만 아니라 매지킹스 왕과 공주까지 모두 피즈팬의 마술에 넋을 빼앗겼다.

"어머, 글씨가 사라지고 있어."

"우와, 정말 대단해. 지금처럼 신기한 자석 마술은 처음이야!"

"자석에 지우개가 달린 건 아니겠지?"

여기저기서 감탄사가 터져 나왔고, 피즈팬이 허리를 굽혀 인사하자 사람들이 기립 박수를 쳤다. 심지어 피즈팬이 무대에서 내려온 뒤에도 앙코르 요청과 함께 박수 소리가 계속 되었다.

"피즈팬, 정말 멋있었어. 너의 순발력에 감동했어."

"으하하, 뭐 이 정도쯤이야. 그나저나 100개의 자석은 미스터 마기온의 소행이 맞지?"

숨 고를 새도 없이 피즈팬은 막카리나에게 자성을 잃은 100개의 자석부터 물어보았다.

"응. 미스터 마기온이 빠보롱을 시켜서 꾸민 짓이었어. 아까 빠보롱이 다 털어놨어."

막카리나의 말을 듣자 피즈팬은 두 주먹을 불끈 쥐었다.

대회의 축하공연까지 끝나자 매지킹스 왕이 다시 무대로 올라왔다.

"자! 여러분 올해 사이언스매직 제국에서 열린 '세계 자석 과학마술 대회'의 우승자를 발표하겠습니다. 마지막까지 침착하게 멋진 마술을 보여준 우승자는 바로 피. 즈. 팬!"

이름이 호명되자 막카리나와 빠보롱 그리고 피즈팬은 기쁨에 벅차 서로 부둥켜안았다. 동시에 세계 각지의 기자들이 피즈팬에게 몰려와 사진 촬영과 인터뷰 요청을 했다.

"도대체 어떻게 자석으로 글씨를 지우셨나요?"

"아, 원리는 간단해요. MR 유체를 사용했거든요. MR 유체는 평상시에는 기름 같은 액체지만, 자석을 갖다 대면 마치 고체처럼 변하여 자석에 붙으려는 경향이 있다고 생각하면 된답니다. 으하하."

또한 피즈팬은 인터뷰를 하면서, 상대 마술사였던 미스터 마기온의 잘못된 행동을 알렸다.

"제가 바라는 건 미스터 마기온이 자신의 잘못을 깊게 뉘우치는 것입니다."

길베르트 스승의 뜻을 어기고, 100개의 자석을 불 속에 넣어 피즈팬을 방해하려고 했다는 사실이 알려지자 사람들은 미스터 마기온의 마술사 자격을 박탈해야 한다고 항의했다.

인터뷰를 마친 피즈팬과 막카리나는 사람들과 함께 어울려 싸이언스매직 제국의 남은 축제를 즐겼다. 빠보롱 역시 두 사람 옆에서 길베르트의 수련장에 갈 날만 손꼽아 기다렸다.

축하합니다.

당신은 모든 스테이지를
통과했습니다.

과학 영재 되기

자석의 이용

교과서와의 연관
• 초등 3-1: 자석의 성질

자기부상열차

일본의 자기부상열차

이번에는 자석을 이용한 여러 가지 장치에 대해 알아보죠. 주위를 살펴보면 자석을 이용하는 도구들이 아주 많아요. 냉장고에 붙어 있는 병따개에도 자석이 붙어 있고, 하얀 칠판에 메모지를 붙여 놓을 때도 동그란 자석을 이용한답니다. 심지어 자석을 이용한 기차도 있어요. 이것을 자기부상열차라고 부르지요.

자기부상열차는 강한 자기력을 이용해 레일 위에 떠서 달리는 열차입니다. 자기부상열차는 자석의 같은 극끼리 밀어내는 힘에 의해 떠서 달릴 수 있는데, 이 때문에 레일과의 마찰이 거의 없답니다. 따라서 자기부상열차는 시속 500km로 달릴 수 있을 만큼 빠르지요.

입자가속기

물리학자들은 자연을 이루는 가장 작은 입자를 찾는 일을 하지요. 이렇게 물질의 기본이 되는 입자를 소립자라고 하는데, 소립자를 발견하기 위해 입자가속기를 사용합니다. 입자가속기는 전기를 띤 입자를 가속시키는 장치를 말합니다. 전기를 띤 입자는 자기장 속에서 원운동을 하면서 점점 빨라지게 되는데 이렇게 빨라진 입자가 정지해 있는 다른 입자와 충돌하는 장치가 입자가속기이죠. 과학자들은 입자가속기를 통해 쿼크와 힉스입자 같은 새로운 소립자들을 많이 발견했어요.

녹화와 녹음의 원리

비디오나 카세트 테이프도 자석을 이용합니다. 비디오나 카세트 테이프에는 특수한 철가루가 발라져 있어요. 거기에 소리나 영상이 전기에 의해 자석의 형태로 기록되는 것이지요. 다시 말해 비디오, 카세트 테이프에 소리나 영상을 전기신호로 바꾸어 보내면 전자기 유도현상 때문에 테이프에 흐르는 전류의 변화가 자기장을 만들어 비디오, 카세트 테이프를 자화시킵니다. 이렇게 자화된 비디오, 카세트 테이프를 재생시키면 반대로 전기신호가 만들어지고, 그 전기신호를 다시 소리나 영상 신호로 바꿔줍니다. 그리하여 우리가 영상을 보고 소리를 들을 수 있는 것입니다.

그렇다면 비디오나 카세트 테이프에 자석을 가져다 대면 어떻게 될까요? 기록된 소리와 영상이 지워질 수 있어요. 따라서 자석 근처에는 테이프를 놓지 않는 것이 좋습니다.

생활 과학 카페

핵자기 공명장치

강력한 자력에 의해 발생하는 핵자기 공명현상을 이용한 의료기기가 핵자기 공명장치입니다. 이 장치를 우리는 MRI라고 부르지요.

그렇다면 어떻게 핵자기 공명장치를 통해 사람 몸속을 자세히 들여다 볼 수 있

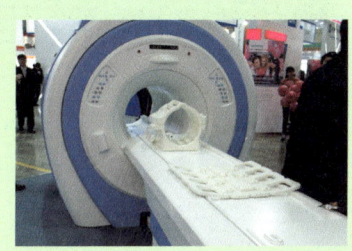

핵자기 공명장치

을까요? 사람 몸은 원자로 이루어져 있고 원자의 중심에는 원자핵이 있어요. 원자핵은 보통 때에는 임의의 방향으로 빙글빙글 돌고 있는데, 강한 자기장 속에서는 자기장의 방향과 회전축의 방향에 비슷해집니다. 이때 두 방향은 완전히 일치하지 않아 세차 운동이 일어나는데, 이 세차 운동은 자기장이 셀수록 빠릅니다. 같은 세기의 자기장 속에서 원자핵의 세차 운동의 속력은 원자핵에 따라 다르게 됩니다. 이렇게 자성을 가진 원자핵에 높은 진동수의 전자파를 작용하면 원자핵은 높은 에너지 상태가 되었다가 전자파를 없애면 흡수했던 에너지를 전자파의 형태로 방출하면서 원래의 상태가 되지요. 이때 원자핵에서 방출되는 전자파를 컴퓨터를 통해 눈으로 볼 수 있게 만들면 사람 몸속의 모습을 볼 수 있는데, 이것이 바로 핵자기 공명장치입니다.

기본 다지기

1. 다음 중 자석을 이용하는 것이 아닌 것은?

    a) 자기부상열차　　　b) MRI　　　　　　c) 세탁기

2. 다음 중 자석 근처에 두면 안 되는 것은?

    a) 태엽을 이용한 시계
    b) 전자시계
    c) 전자레인지

서프라이즈 진실 혹은 거짓

1. 전기를 걸어주면 액체에서 고체로 변하는 물질이 있다.

   ☐ 진실   ☐ 거짓

2. 자석을 이용하여 잡초를 골라낼 수 있다.

   ☐ 진실   ☐ 거짓

3. 모래에 철가루가 섞이면 자석으로 분리할 수 있다.

   ☐ 진실   ☐ 거짓

> **알쏭달쏭** 내 생각

평소 과학에 관심이 많은 민희는, 오늘 학교에서 배운 자석에 대해 복습을 하기로 했다. 집에 도착하자마자 수업시간에 배운 것처럼 자석 위에 책받침을 놓고, 그 위에 흰 종이를 놓은 후 철가루를 뿌렸다.

"자석이 움직이는 대로 철가루의 모양이 달라지네?"

한참동안 재미있게 자석 놀이를 하던 민희는 그만 실수로 철가루 위에 자석을 떨어뜨렸다. 그러자 철가루가 자석의 양극에 수없이 달라붙어 버렸다. 깜짝 놀란 민희는 자석에 달라붙은 철가루를 떼어보았지만 깨끗하게 떨어지지 않고, 계속 달라붙었다.

"어떻게 하면 좋지? 자석에 달라붙은 철가루를 좀 더 쉽게 떼어버릴 방법은 없을까?"

민희는 철가루를 떼어내면서 고민에 빠졌다.

과연 자석에 달라붙은 철가루를 쉽게 떼어낼 수 있을까? 여러분의 생각은?

☐ 쉽게 떼어낼 수 있다.　☐ 쉽게 떼어낼 수 없다.

기본 다지기

1. c)

2. a)
   태엽을 이용한 시계를 자석 근처에 두면 자기력 때문에 초침, 분침, 시침의 움직임이 영향을 받을 수 있다.

서프라이즈 진실 혹은 거짓

1. 진실
   이것은 'ER유체'라고 한다. 식용유와 녹말을 1:2의 비율로 섞으면 ER유체가 만들어진다.

2. 진실
   생물학자들은 재배 식물과 잡초에 철가루를 뿌리면 잡초에는 철가루가 달라붙고 재배 식물에는 달라붙지 않는다는 것을 알아냈다. 그러므로 재배 식물과 잡초가 섞여 있을 때 철가루를 뿌린 후 자석을 가져다 대어 철가루가 달라붙은 잡초만을 추려낼 수 있다.

3. **진실**
   자석을 가져다 대면, 철가루는 붙고 모래는 붙지 않는 성질을 이용하여 철가루를 분리할 수 있다.

알쏭달쏭 내 생각

답 **쉽게 떼어낼 수 있다.**
철가루를 자석의 중앙으로 보내면 쉽게 떨어진다. 일반적으로 자기력의 세기는 자석의 양극이 가장 강하고, 자석의 한 가운데가 가장 약하기 때문이다.

부록 과학자가 쓰는 과학사

자기학의 아버지 윌리엄 길버트

윌리엄 길버트
(1544. 5. 24~1603. 12)

안녕하세요. 나는 영국의 물리학자이자 의사인 윌리엄 길버트(William Gilbert)입니다. 나는 영국의 에식스 주의 콜체스터라는 마을에서 1544년 5월 24일에 태어났어요. 나의 아버지인 제롬 길버드는 지방의 관리이자 자치구의 판사 겸 변호사였으므로 가정 형편은 안정적이었답니다.

1569년 케임브리지 대학교에서 의학을 배운 후, 나는 런던으로 약학을 공부하러 갔지요. 그리고 1573년에 런던에서 병원을 개업했어요. 그 해 나는 영국 왕립내과협회의 회원으로 당선되었으며, 1599년 회장으로 선출되기까지 했지요. 특히 1601년부터 생을 마감하는 1603년 12월까지 나는 엘리자베스 1세의 주치의와 그 후계자인 제임스 1세의 내과의사로 지명되어 일했습니다.

한편 나는 의학뿐만 아니라 화학과 물리학에도 관심이 많았어요. 특히 물리학인 자기에 대해 관심이 많았던 나는, 1600년에 ≪자석, 자성체, 거대한 자석 지구에 관하여≫ 라는 책을 세상에 내놓았습니다. 이 책은 물리학에 큰 획을 그었으며, 오늘날까지 나를 '자기학의 아버지'로 불릴 수 있도록 만들어 주었어요.

거대한 자석, 지구

나의 저서인 ≪자석, 자성체, 거대한 자석 지구에 관하여≫ (줄여서 ≪자석에 관하여≫)에는 자석의 성질을 띠는 물체인 자성체에 대해 설명되어 있고, 전기를 띤 물체들 사이에 서로를 잡아당기는 힘이 작용한다는 것도 나타나 있어요. 하지만 이 책에서 가장 중요한 것은 지구가 하나의 거대한 자석이라는 것을 주장

부록 길버트가 쓰는 과학사

한 부분이지요. 당시 사람들은 바다를 항해할 때 나침반을 사용했지만, 나침반의 자석과 방향의 관계에 대해서는 제대로 알지 못했어요. 따라서 나는 자석에 대한 실험을 통해 자석의 성질을 종합적으로 정리하기 시작했지요. 그리고 마침내 수년간의 실험 끝에 지구 속에 있는 자석이 북쪽은 S극이고, 남쪽은 N극이기 때문에, 나침반의 N극이 북쪽을 가리키고, S극이 남쪽을 가리킨다는 것을 알아냈습니다.

또한 나는 자석의 원인은 전기적인 힘과는 다르다고 주장했습니다. 이러한 주장으로 그동안 같은 분야로 취급되었던 전기학과 자기학이 나눠지게 되었지요. 물론 이것은 19세기 초 모든 과학 분야가 놀라운 발전을 이루면서, 다시 전자기학이라는 하나의 학문으로 통합되었어요. 전기와 자기가 모두 전하의 작용으로 인한 현상이라는 것이 정확하게 밝혀졌기 때문이죠. 그렇다고 전기학과 자기학을 연구했던 나의 노력이 헛되지만은 않았어요. 왜냐하면 나의 주장으로 인해 사람들이 전기와 자기에 대해 관심을 갖게 되었고, 또 과학자들은 나의 체계적인 실험 방식들을 바탕으로 삼아 더욱더 전기와 자기 분야를 발전시키게 되었으니까요.

이처럼 나의 끊임없는 과학적 노력은 '무엇을' 발견했는지보다 '어떻게' 발견했는지, 그 과정을 더 높게 평가받았어요. 왜냐하면 나는 과학을 철학적 관점이나 신비주의로 바라보지 않고, 오로지 정확하고 반복적인 실험을 통해 접근했기 때문이죠. 이러한 나의 실험적 관찰은 다른 과학자들에게 '진정한 과학자가 무엇인지'에 대한 큰 본보기가 되었답니다.

GO! GO! 과학특공대 27
밀고 당기는 자석

지은이 • 정 완 상
펴낸이 • 조 승 식
펴낸곳 • 도서출판 이치 사이언스
등록 • 제9-128호
주소 • 142-877 서울시 강북구 한천로 153길 17
홈페이지 • www.bookshill.com
전자우편 • bookswin@unitel.co.kr
전화 • 02-994-0583
팩스 • 02-994-0073

2013년 12월 5일 제1판 1쇄 인쇄
2016년 12월 20일 제1판 4쇄 발행

가격 7,500원

ISBN 978-89-98007-17-1
978-89-91215-70-2(세트)

• 잘못된 책은 구입하신 서점에서 바꿔 드립니다.
• 이 도서의 국립중앙도서관 출판시도서목록(CIP)은
서지정보유통지원시스템 홈페이지(http://seoji.nl.go.kr)와
국가자료공동목록시스템(http://www.nl.go.kr/kolisnet)에서
이용하실 수 있습니다. (CIP제어번호: CIP2013024360)

GO! GO! 과학특공대 시리즈

1. 가장 위대한 발명 **수**
2. 끼리끼리 통하는 **암호**
3. 구석구석 미치는 **힘**
4. 찌릿찌릿 통하는 **전기**
5. 온도와 상태를 변화시키는 **열**
6. 세상의 기본 알갱이 **원자**
7. 수·금·지·화·목·토·천·해 **태양계**
8. 몸무게가 줄어드는 **달**
9. 끝없는 초원에서 만난 **아프리카 동물**
10. 숨 쉬고 운동하는 **식물의 생활**
11. 달려라 달려 **속력**
12. 흔들흔들 **파동**
13. 세어볼까? **경우의 수**
14. 울려라 울려 **악기과학**
15. 초록 행성 **지구**
16. 보글보글 **기체**
17. 조각조각 **분수**
18. 반사하고 굴절하는 **빛**
19. 무게가 없는 **무중력**
20. 나눌까 곱할까? **약수와 배수**
21. 꾹꾹 눌러 **압력**
22. 뛰어 보자 **수뛰기**
23. 둥둥 뜨게 하는 **부력**
24. 외계에서 온 **UFO**
25. 쉽고 빠른 셈셈 **셈**
26. 우리의 가장 오랜 친구 **곤충**
27. 밀고 당기는 **자석**
28. 신기하고 놀라운 **삼각형**
29. 맞혀 볼까? **확률**
30. 한눈에 쏙쏙 **통계**

다음 책들이 곧 여러분을 만날 준비를 하고 있습니다.
많이 기대해 주세요.

- 사각형
- 비율
- 도형
- 놀이동산
- 도구
- 액체
- 화학반응
- 용액
- 숲속의 벌레
- 우리 주위의 동물
- 세계 곳곳의 동물
- 새
- 여러 종류의 동물
- 소화
- 인체
- 지구 변화
- 날씨
- 지질시대
- 바다